Start ins Leben

Krokodil

Claire Llewellyn
illustriert von
Simon Mendez

Krokodile legen ihre Eier in der Trockenzeit, wenn das Wasser im Sumpf niedrig ist. In der Regenzeit würden die Nester überschwemmt.

Das Krokodil legt sich nicht auf seine Eier, um sie zu wärmen. Das erledigt die Sonne.

Das Ei

Es ist ein warmer, trockener Abend im Mangrovensumpf. Ein Krokodilweibchen gräbt am Ufer sein Nest. Es schiebt den Sand mit seinen kurzen, kräftigen Beinen beiseite. Dann legt es einen Haufen Eier in die Nestgrube und bedeckt sie mit Gras und Schlamm.

Wenn die Eier vergraben sind, gräbt das Weibchen eine Höhle in die Uferbank. Von dort aus bewacht es das Nest.

Das Weibchen legt 20 bis 50 weiße Eier. Sie haben eine harte Schale.

Caranchos suchen in niedrigem Flug nach kleinen Schildkröten, Wasserschlangen, Fischen und Fröschen.

Der Embryo reift drei Monate lang heran, bevor er aus dem Ei schlüpft.

In ihrem unterirdischen Nest beginnen die Eier sich zu verändern. In jedem Ei entwickelt sich ein Embryo, der sich von dem Eidotter ernährt.

Krokodileier sind Leckerbissen für Waschbären, Vögel und Ratten – aber nur wenige Eiräuber kommen an dem Krokodilweibchen vorbei.

Die Temperatur im Nest ist sehr wichtig. Wenn die Temperatur in den ersten Wochen der Entwicklung sehr hoch ist, werden mehr Krokodile männlich.

Krickenten tauchen zum Fressen mit Kopf und Oberkörper unter und filtern ihre Nahrung aus dem Wasser.

Nach drei Monaten ist die Schlammdecke des Nestes von der Sonne hart gebacken worden.

Mit einem Höcker an der Schnauzenspitze, dem Eizahn, sprengen die Jungen die Eischale. Nach dem Schlüpfen fällt der Eizahn ab.

Drei Monate nach der Eiablage sind die Embryonen voll entwickelt. Von ihrer Höhle aus hört die Krokodilmutter die Jungen quäken. Das ist das Zeichen, dass sie zum Schlüpfen bereit sind. Schnell öffnet die Mutter das Nest, um die Kleinen herauszulassen.

Manchmal leistet die Krokodilmutter ihren Jungen beim Schlüpfen Hilfe, indem sie die Eier in ihrem Maul hin- und herrollt bis sie platzen.

Mangrovensümpfe sind ein geschützter Lebensraum. Sie liegen in Küstennähe und bieten Schutz vor Wind und Wellen.

Binsen und Schilf wuchern am Rand des Wassers und bieten den frisch geschlüpften Krokodilen Schutz.

Die Jungkrokodile eilen zum Wasser. Einige laufen allein, andere werden von ihrer Mutter im Maul getragen. Sie sehen genauso aus wie ihre Mutter, nur sind sie erst 25 cm lang! Ihre trockene, schuppige Haut ist grünbraun mit dunklen Streifen auf Rücken und Schwanz.

Graureiher

Die kleinen Krokodile sind leicht zu fangen. Ein Graureiher ergreift eines mit seinem Schnabel.

Die Krokodilbabys folgen ihrer Mutter zum Wasser. Sie versucht, sie vor Feinden zu schützen.

Moskitos

Moskitos beginnen ihr Leben als Larven im Wasser. Nach einer Woche verwandeln sich die Larven in erwachsene Tiere und fliegen davon.

Krokodilweibchen

Einige Wochen lang beschützt das Krokodilweibchen seine Kinder. Wenn die Kleinen davonlaufen, holt es sie ins Schilf zurück.

Binsen und Schilf

Gambusen

Gambusen fressen Moskitolarven.

Die frisch geschlüpften jungen Krokodile bleiben in der ersten Zeit beieinander. Sie verbergen sich zwischen Binsen und Schilf. Hier lernen sie, mit ihren scharfen, kleinen Zähnen nach Wasserkäfern, Libellen, Fröschen und Fischen zu schnappen. Wenn eines der Kleinen eigene Wege geht, kann es das Opfer eines Krokodilmännchens oder eines anderen Sumpftieres werden. Die Mutter ruft es laut zurück.

Mangrovenwurzeln

Nicht viele Pflanzen gedeihen in Sümpfen. Mangrovenbäume haben Wurzeln, die sie wie Stelzen im weichen Schlamm stützen.

Älter werden

Die jungen Krokodile wachsen schnell und sind bald kräftig. Am Ende des zweiten Lebensjahres sind sie etwa 75 cm lang. Sie sind nun Jungkrokodile und werden nicht mehr von den ausgewachsenen Männchen und anderen Tieren im Sumpf bedroht. Mit ihren großen Zähnen und starken Kiefern können sie nun Wasservögel, Ratten und größere Fische erbeuten. Jeden Tag verlassen die Krokodile das Wasser, um sich in der Sonne aufzuwärmen.

Libellen fliegen auf der Jagd nach winzigen Insekten über dem Wasser. Ihre Flügel glitzern im Sonnenlicht.

Die Jungkrokodile wachsen jedes Jahr um 25 cm. Die Haut auf ihrem Rücken wird dunkler und vorhandene Muster verblassen.

Die Haut ist dick, hart und schuppig. Sie schützt das Krokodil wie ein Panzer.

Erwachsenes Krokodilmännchen

Ein erwachsenes Krokodilmännchen gehört zu den größten Reptilien in der Welt.

Ein Krokodil ist erwachsen, wenn es 8 bis 10 Jahre alt ist. Ein erwachsenes Männchen wird bis zu 6 m lang. Seine Haut ist olivgrau und außer am Bauch, der hell und weich ist, mit harten Knochenschuppen bedeckt. Krokodile und Alligatoren werden oft verwechselt, aber sie sind leicht zu unterscheiden. Die Schnauze eines Krokodils ist schmaler und spitzer, und wenn man das geschlossene Maul betrachtet, sieht man am Unterkiefer einen Zahn herausragen. Bei Alligatoren ist dieser Zahn nicht zu sehen.

Vierter Zahn

Wenn ein Krokodil das Maul geschlossen hält, sind die unteren Zähne bis auf einen nicht zu sehen. Der vierte Zahn passt genau in eine Kerbe des Oberkiefers.

Wassermokassinschlange

Wassermokassinschlangen halten sich gern im und am Wasser auf. Sie jagen Fische und Frösche und lauern auch Krokodilbabys auf, die sich verlaufen haben.

Wasserkaninchen

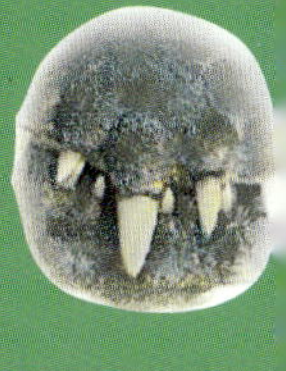

Krokodile leben immer in Wassernähe – in langsam fließenden Flüssen und in Seen oder in Salzwasserbuchten und Sümpfen. Einige Arten leben im Meer. Alle Krokodile sind Meisterschwimmer. Sie stoßen sich mit ihrem kräftigen Schwanz voran und steuern mit ihren Füßen.

Krokodile schlagen beim Schwimmen ihren Schwanz seitlich hin und her.

Schwimmhäute an den Füßen verhindern, dass das Krokodil im weichen Schlamm einsinkt.

Krokodile können bis zu einer Stunde unter Wasser bleiben. Sie ertrinken nicht, weil sie in ihrem Hals Klappen haben, die verhindern, dass Wasser in ihre Lungen eindringt. Andere Klappen verschließen ihre Nasenlöcher, Augen und Ohren.

Augen, Ohren und Nasenlöcher des Krokodils liegen oben am Kopf. So kann das Krokodil im Wasser liegend atmen, riechen und hören.

Krokodile haben ein zusätzliches Paar durchsichtige Augenlider. Sie schützen die Augen, wenn die Tiere unter Wasser sehen wollen.

Es ist Abend, und ein Krokodil gleitet ins Wasser. Es braucht eine Mahlzeit. Das Tier liegt so tief im Wasser und verhält sich so ruhig, dass Wasservögel, Krebse, Schildkröten, Fische und Schlangen es nicht bemerken. Dann stürzt es blitzschnell vor und packt eine Beute.

Das Krokodil verhält sich ganz still, bevor es zuschlägt. Wenn es tief im Wasser liegt, könnte man es für einen Baumstamm halten, weil seine Haut wie Rinde aussieht.

Plötzliche, heftige Angriffe machen Krokodile zu gefährlichen Jägern. Ihre Opfer sind oft Vögel, die im Wasser ihre Nahrung suchen.

Mit seinen Zähnen kann das Krokodil einen Schildkrötenpanzer zerknacken, aber eine große Beute vermag es weder zu zerbeißen noch zu kauen. Es muss sie in bissgerechte Stücke zerreißen oder im Ganzen verschlingen.

Scharfe Zähne

Krokodile haben 66 scharfe, spitze Zähne. Wenn sie bei der Jagd einen Zahn verlieren, wächst er nach. Jeder Zahn kann 45 Mal ersetzt werden!

Rosalöffler

Kiebitz-regenpfeifer

Vögel waten durch das Wasser und suchen nach Muscheln, Krebsen und Fischen. Ein Rosalöffler bewegt seinen löffelartigen Schnabel im Wasser hin und her. Jedes Tierchen, das dagegen stößt, wird sofort geschnappt.

Krokodile gehören zur Tiergruppe der Reptilien. Reptilien sind Tiere mit geschuppter Haut, und die meisten kommen zur Eiablage an Land.

Brauner Pelikan

Braune Pelikane tauchen gekonnt nach Fischen. Unter ihrem Schnabel haben sie einen Hautsack, in den sie ihre Beute füllen.

Krokodile mögen keine Kälte. Darum leben sie nur in den Tropen, wo es immer warm ist.

Krokodile liegen oft mit weit geöffnetem Maul in der Sonne. Auf diese Weise lassen sie Hitze aus ihrem Körper entweichen und kühlen sich ab.

Reptilien sind wechselwarme Tiere. Das bedeutet, dass sich ihre Körpertemperatur der Temperatur ihrer Umwelt anpasst. Nach der kühlen Nacht sind Krokodile kalt und daher träge. Sie legen sich darum in die Morgensonne. Langsam steigt ihre Körpertemperatur und sie werden aktiver. Wenn es ihnen später zu heiß wird, kühlen sie sich im Fluss oder in einer schattigen Höhle ab.

Der Flussuferläufer ist ein Vogel, der Insekten von der Haut der Krokodile pickt. So befreit er die Krokodile von Parasiten, und sie tun ihm nichts.

In der Brutzeit versuchen die Männchen ihre Rivalen zu vertreiben. Sie heben den Kopf hoch, reißen das Maul weit auf und schlagen mit dem Schwanz aufs Wasser.

Wenn die männlichen Krokodile um die Weibchen werben, brummen oder knurren sie leise.

Das Jahr vergeht, und die Brutzeit beginnt von neuem. Die männlichen Krokodile werben um die Weibchen. Bald kommt es zur Paarung. Einen Monat danach legen die Weibchen ihre Eier ab, und wieder beginnt für neue Krokodile der Start ins Leben.

Flussotter

Flussotter fressen, was ihnen vor die Schnauze kommt. Sie sind für die frisch geschlüpften Krokodilbabys gefährlich.

Das männliche Krokodil hat unter seinem Kiefer Drüsen, die einen stark duftenden Stoff, den Moschus, absondern. Es reibt den Moschus über das Weibchen, um es zur Paarung zu bewegen.

Glossar und Index

Brutzeit Der Zeitraum, in dem Tiere ihre Jungen bekommen. — 22

Drüse Ein Teil im Körper, der bestimmte Stoffe, zum Beispiel Moschus, erzeugt und ausscheidet. — 23

Eidotter Der gelbe Teil eines Eies, der den heranwachsenden Embryo mit Nahrung versorgt. — 4, 5

Embryo Das winzige Lebewesen, das sich in einem Ei entwickelt. — 4, 5, 7

Larve Das Junge bestimmter Insekten, Amphibien oder Fische, nachdem es aus dem Ei geschlüpft ist und bevor es sich zu einem erwachsenen Tier entwickelt. — 11

Lungen Der Körperteil eines Tieres, mit dem es atmet. — 17

Mangrovensumpf Ein schlammiges Gebiet an tropischen Küsten, wo Mangrovenbäume dicht an dicht wachsen. — 3, 8

Moschus Eine stark riechende Flüssigkeit, die von männlichen Krokodilen und vielen anderen Tieren abgesondert wird. — 23

Paarung Die Vereinigung von Weibchen und Männchen, um Junge zu bekommen. — 20-21

Parasiten Tiere oder Pflanzen, die auf anderen Tieren oder Pflanzen leben und sich von ihnen ernähren. — 21

Reptilien Eine Gruppe von wechselwarmen Tieren mit schuppiger Haut, zu der Eidechsen, — 20-21